회정 박성길 선생님의 제자 시인
회정회 동인지 2호

다섯 빛깔

박성길

—

이남순
정은영
박태욱
한삼수
윤재환

회정회

발간사

희망이란 다섯 빛깔

그리스 철학자 플라톤은 아름다움을 일컬어 "진실한 광채"라고 했습니다. 그렇다면 지금 우리가 추구하는 아름다움은 어떤 것일까요?

돌아보면 삼라만상에 어느 것 하나 아름답지 않은 것이 있을까마는 오늘 나는 사제 간에 이어지는 오랜 인연과 추억을 엄지로 꼽습니다.

아무런 꾸밈도 가식도 없는 순수한 마음으로 끝없이 서로의 삶과 문학을 격려하며, 자식이 아버지를 따르듯 스승의 발자국을 따르는 여정인 것입니다.

우린 서로 다른 학교에서 가르침을 받고 한국 문단에 이름을 올린 문우들입니다. 그러나 우리 다섯 제자는 옛 스승님 아래 다시 모여 선생님의 호를 받들어 회정회檜亭會라 이름을 짓고 누나 동생 형 아우로 소중한 인연을 맺고 굳건하게 성장하고 있습니다.

학창시절 선생님께서 심어 주신 문학의 씨알들이 선생님의 따사로운 햇살 아래 날로 달로 잘 자라서 이제는 다섯 빛깔의 재기

넘치는 작품으로 꽃피워 내고자 합니다. 세상의 진솔한 이야기들을 여기 두 번째 동인지에 묶어 놓았습니다. 이 안에는 선생님의 멋진 사진 작품까지 어우러져 격조가 한층 깊어졌습니다. 우리 회정회가 희망차게 엮어낸 《다섯 빛깔》에 윤재환 아우의 정성이 가득하여 미덥습니다.

  희망이란 본래 있다고도 할 수 없고 없다고도 할 수 없는 것입니다. 그것은 마치 숲속 같아서 본래 길이 없었으나 한 사람이 먼저 가고 걸어가는 사람이 많아지면 그것이 곧 길이 되듯이 아무것도 없는 곳에서도 생겨나는 것입니다. 희망이 있다고 믿는 사람에겐 반드시 있고, 없다고 생각하는 사람에겐 틀림없이 없는 것이니 2020년! 박성길 은사님을 등대로, 회정회는 힘차게 돛을 올립니다. 진실한 광채를 내며 아름다운 항로가 열릴 것입니다.

2020년 5월
회정회檜亭會 회장 **시인 이남순**

차례

02 **발간사**　희망이란 다섯 빛깔 • **이남순**(회정회 회장)

스승님의 사진을 만나다
07 **박성길**　내려가는 길　외 9

다섯 빛깔의 시를 만나다
19 **이남순**　오천 원　외 9
31 **정은영**　운수암의 한나절　외 9
45 **박태욱**　배불리 먹는다는 생각　외 9
57 **한삼수**　고민 없는 선택　외 9
73 **윤재환**　등대　외 9

사진이 낳은 시를 만나다 (사진_박성길)
85 **이남순**　일몰 앞에서
87 **정은영**　태정태세문단세
89 **박태욱**　외부효과
91 **한삼수**　인생은
93 **윤재환**　너처럼

축하의 글
97 **박성길**　자화자찬

103 회정회 회원주소록

스승님의 사진을 만나다

박
성
길

사진작가
—

교직 경력 38년
마산동중학교 교장으로 퇴임
합동 사진전 2회
시니어 인터넷방송국 기자 역임
창원시보 시민기자 역임

●

내려가는 길
추위를 먹고 피어난 납월매
길 위의 주인공
찬란한 생존의 기운
뜨거웠던 여운
눈 속에 핀 등이 굽은 소나무
소풍 가는 자작나무
붉은 영혼
찬란한 시작
갈대밭 순정

●

내려가는 길

—

누군가는 길을 만들고,
그 누군가는 그 길을 걸어갔다
힘들게 오르고 다시 내려가는 길
인생의 정점을 내리고 가는 길이라 편안하게 간다

추위를 먹고 피어난 납월매

—

니가 꽃으로 피어서 봄이다
추운 겨울을 먹고 피워낸 매화
참으로 고고하구나
도도하기도 하지

길 위의 주인공

—

저 숲길로 걸어가고 싶다
어느새 길은 인생의 소풍이다
내가 주인공이다

찬란한 생존의 기운

—

생존의 기운은 찬란하다
빨간 열매도 가느다란 거미줄도 생존을 지켜가는
그들만의 오롯한 힘이다

뜨거웠던 여운

—

뜨거웠던 하루의 여정이
깊은 여운을 드리우고 있다
긴 상념으로 추억처럼 젖어 있다

눈 속에 핀 등이 굽은 소나무

—

고향을 지키는 소나무의 등이 굽었다
눈을 만나서 더 빛난다

소풍 가는 자작나무

—

자작나무가 울창하게 줄을 서 있다
개미처럼 하늘로 소풍 가나 보다

붉은 영혼

―

붉은 꽃으로 피어나서 영혼마저 뜨겁다
붉은 영혼은 아름답다

찬란한 시작

시작은 언제나 찬란하다
해 뜨는 아침의 풍경이 뜨겁게 타오른다

갈대밭 순정

—

갈대밭은 보리밭만큼 아련한 추억의 공간이다
살랑살랑 바람이 들어서 더 애틋하다

다섯 빛깔의 시를 만나다

이남순

시조시인

—

1957년 경남 함안 출생
2008년 《경남신문》 신춘문예 등단
이영도시조문학상 신인상 수상
박종화문학상, 한국여성시조문학상 수상
시조집 《민들레 편지》《그곳에 다녀왔다》

오천 원
입춘 예감
중리역
고시원을 아시나요
가을 숲에서
불문율
국숫집 엘레지
막사발
지리산 엉겅퀴
외숙이

오천 원 외 9

가끔은
꿈을 꾸고
구름처럼 부풀어서

누구에게도
말 안 하고
한두 장씩 사곤 했지

내 생에
로또 당첨금!
너 이상은 없었다

입춘 예감

빈산을 도드밟는 먼 바람 오는 소리

오소소 추운 손등 햇살이 입 맞추자

창문이
반쯤 열리고
귓바퀴가 모아진다

부푼 흙집 헤집으며 아버지 오시는가

엉겁결에 마중 가는 삽살개가 짖어대니

남겨둔
고무신 한 켤레
담장 아래 환하다

중리역

그랬지, 반공일엔 어김없이 와 계셨지
대합실 낡은 걸상에 반만 걸쳐 앉은 엄마
문틈을 들락거리는 휑한 바람 맞으시며

그랬지, 교복 입은 친구들과 마주칠까
앞차를 부러 놓치고 막차로 오는 딸을
달려와 반겨주지도 꾸짖지도 못하셨지

그랬지, 참았던 속 말씀만 구시렁구시렁
"우짜다 내 딸로 와 고생을 이리 하노"
진주행 무궁화호도 철컥철컥 혀를 찼지

고시원을 아시나요

바닥에 모로 누워 타다 만 신발 위로
바람결에 낙엽 몇 장 조문하듯 엎드린다

늦비에 시들어가는 국화꽃을
닮은 남자

아빠가 봄이 오면 선물 들고 가겠노라
간밤에 어린 딸과 철통같이 했을 약속

달력에 빗금 그으며 일당을
적던 남자

창 없는 쪽방에서 새우잠을 자면서도
한 푼이 아쉬워서 등졌을 고향 하늘

공사판 국밥 그릇도 다 채우지
못한 남자

가을 숲에서

산사는 발그레이 사리처럼 영글어서

허물의 발자국들 세고 있는 눈빛인데

아직도 나는 철부지,
초록빛을 못 벗었다

불혹도 지천명도 나를 가둔 옥사인데

화쟁和諍의 잎들조차 저를 다 내려놓고

득음에 다다랐는가,
매미 소리 고요하다

불문율

대기실에 강사들이 너덧 명 모여 있다
종이컵 커피 한 모금 실없이 넘기면서
창밖에 봄이 오는지 가는지는 알 바 아닌

선방에 안거 끝난 수도승 해제처럼
바리때 챙겨들고 강의실 떠날 시간
종강은 탁발승 신세 가방끈만 닳고 있다

나이는 한 살 두 살 뱃살처럼 늘어나고
떼지 못한 강사 딱지 그마저도 퇴짜라니
보따리 풀 곳을 찾는 노트만 빽빽하다

국숫집 엘레지

있자니, 뻘쭘하여 멸치 똥만 발라낸다
가게가 좁아터져 한 자리도 아쉬운데
은근히 비켜달라는 아내 눈치 모르는 척

보따리 강사직도 하늘에 별 따기라
전세대출 몇 푼 끌어 시작한 국수 장사
한 그릇 삼천오백 원, 그마저 카드 긋고

아무리 찾아봐도 쓸모가 별로 없는
제 안에 석사 박사 훌훌 다 털어낼 듯
모서리 쪼그려 앉아 멸치 똥만 발라낸다

막사발

왜바람과 맞서느라 금이 간 허리 안고
이저리 채이다가 이 빠지고 살 터진 채
이름도 개명을 했다, 꼼짝없이 '이도 다완'

선비들의 찻상에도 의젓하게 올라갔고
비가 새는 난달 부엌 흙바닥에 엎드려서
저 백민 간당한 목숨도 숨죽이며 지켜봤다

장독 위에 별을 띄워 정화수 받아 놓고
퇴락한 왕조 앞에 그래도 살아보자고
어쩌다 비겁한 목숨도 그렁그렁 달래었다

개밥그릇 냉가슴도 참을 말이 따로 있지
분에 넘친 대접하며 기고만장 해봤댔자
우리네 도공 품에서 주먹 쥐고 태어났다

지리산 엉겅퀴

잣나무도 발이 묶여 촉루로 선 그 발치에

제삿날 찾아오듯 유월이면 어김없이

애끓는 고향을 바라 멍울져 피어난 꽃

엉킨 채로 숨을 뱉던 이편에서 저편까지

어린 이름 부르느라 뻐꾸기는 목이 쉬고

하늘에 번지는 놀빛 그날처럼 타는 꽃

하나 둘 셀 수 없이 총부리에 고꾸라져

푸른 잎 무너지고 환청처럼 돋은 가시

죽어도 목숨은 살아 온 산천에 번지는 꽃

외숙이

몇 살쯤 알았을까 제 몸에 흐르는 피
뽀얀 피부 마른 몸이 나를 꼭 닮았다는데
여태껏 만난 적 없고 잊은 적도 없는 너

아들만이 간절해서 버려진 아버지 딸
외가에서 낳고 자라 무심히 지은 이름
언제쯤 정에 겹도록 너를 불러 마주할까

이제는 언니들을 찾을까, 찾아줄까
웅크린 쪽잠같이 오금 못 편 후실 자식
못한 말, 못 부친 편지 꿈길에만 오갔겠지

까맣게 탄 한 시절이 얼마나 겨웠으면
지난봄 아배 부음도 끝내 등을 돌렸을까
호적지 맨 끝줄에 선
다섯 번째 여동생

다섯 빛깔의 시를 만나다

정은영

시인 · 수필가
—
《문학공간》 수필부문 신인상 등단
산문집 《부치지 못한 편지》 《다방열전》 《액션 스피치》
수필집 《병영성을 걷다》
현재 울산문인협회 회장

운수암의 한나절
가랑잎에 쉼표
봄날의 꿈
첫눈 속으로
바다 사연
노란색 경고
몸은 도시, 맘은 시골
격세지감, 사북
같은 곳, 다른 마음
꽃샘 속 진달래

운수암*의 한나절 외 9

무소유의 햇발
절마당에 풀어지고 있다
법당에 든 보살들
반기던 노스님은
낭패스럽다
들릴 듯 말 듯
찻잔이 모자라 어쩐다?

한 몸이었던 무소유의 삶
한없이 방황하던 운수암의 한나절

* 운수암 : 순천 선암사 산내 암자.

가랑잎에 쉼표

간밤을 달리던
나의 몽환은
물안개 핀
강가에서 멈췄다
창창했던 잎새들
무서리 뒤로 비켜설 즈음
마른바람은
잠시도 앉지 않고
가랑잎에 쉼표를 그린다
우리들의 겨울은
그저 무탈하게 쉬어가는 것

봄날의 꿈

가뭇한 그날처럼
고샅길 돌아 돌아온 사람
그 봄밤 따라
오늘, 벚꽃잎 몇 장
추억의 불씨를
지핀다

첫눈 속으로

아스라한 기억들
하얀 눈꽃으로
피어난다
이름조차
가물가물한
얼굴들
눈꽃송이로
날아든다

녹슨 빨랫줄에
송이 송이 언
빨래처럼
어릴적 환한
기억들이
빳빳하게
내걸린다

바다 사연

포말에 실려온
그리움
하나 둘 몽그라져
무심한 몽돌이
되어간다

손바닥으로
퍼 올린 포말은
눈물이었을까
삶은 기쁨과
슬픔이
늘 반반인데

바닷물 굽이굽이
아직도 파리하게
남은 그리움
손금을 따라
가뭇없이 흐른다

노란색 경고

콘크리트 다리 위
사람길과 찻길 틈새로
민들레 한 포기
세상을 연다

바람결 따라
하느작 하느작
하늘도 사람도
갖고 놀더니

사막을 넘나드는
지열로
신기루가 낙타를
몰아올 때
다리 위 찻길은
이승과 저승

깜빡
춘곤증에 핸들 맡긴
운전자에게

활짝 외치는
노란색 경고

몸은 도시, 맘은 시골

우리 어머니는
도시에 살면서도
시골에 산다

울진 백암온천 가는 길
구불구불
비틀비틀
꼬부랑길
어머니는
고향 막실재*
같다고 하신다

불영사 계곡
내리막과
오르막길
영판 옥골재* 같다고 하신다

쉰한 살에 울산 와서
서른일곱 해를 나신
우리 어머니

그러나
시골 살던
할머니가
엊그제 도시로
마실 온 것 같다

＊막실재와 옥골재는 고향 경남 의령 고갯마루 지명.

격세지감, 사북

1970년대 중반 즈음
고교 수학여행 때였지

연립주택,
빨간 벽돌집
틈새마다
잔설처럼
흩날리던
석탄가루
세월 지나 포근히
눈발 날리면
어김없이 내게
휘몰아치던
그날 그 까만
사북의 가루

지금 사북은
번득이는
네온사인에
화장이 너무
진하다

같은 곳, 다른 마음

그날
괭이갈매기는
싱싱한 바람을
타며 놀았고

매스컴
한가운데서
여전히 표류하는
독도는
외로움보다 더 큰 괴로움에
파도를 타며
울었지

꽃샘 속 진달래

무룡산 햇살
까칠한 꽃샘바람
달래더니
진달래 몇 떨기
피워놓았네

때 이른 외출
찬바람에 튼 입술
달싹거리며
겁먹은 여인처럼
파랗게 질려버리네

다섯 빛깔의 시를 만나다

박
태
욱

시인
—

1963년 경남 의령 출생
한국방송대학교 졸업
2004년 《시의나라》 신인상 수상
시집 《마음의 집》
민들레문학회 · 의령예술촌 회원
창원문인협회 · 경상남도문인협회 회원

배불리 먹는다는 생각
인생은 외길이다
꿈꾸는 해후
구석자리
새들의 일상
그리움을 숨기다
나의 허무
빨래집게 예찬
갈대가 춤춘다
누구를 위하여

배불리 먹는다는 생각 외 9

엄마는
평생 밥은 먹었느냐고 묻는다
무엇이든 배불리 먹는 것이
살아남기 위한 필수조건이었던 때에 멈추어 계신다
먹어도 먹어도 돌아서면 또 배고픈 그때가
얼마나 서러웠든지 팔순을 살아도 기억하고 있다
논바닥에 떨어진 곡식을 볼 때마다
배곯던 회한이 살아나는지 아픈 다리를 옮긴다
가끔은 배고픈 그때가 그리울 때도 있지만
그리움이 아니라 내 삶의 심오한 바탕이 되었다
나도 아들들에게
언제나 밥은 먹고 다니는지 묻는다

인생은 외길이다

인생이 소중한 것은
하나의 길밖엔 갈 수 없다는 것입니다

무시무시한 능력자라도
되돌아가서 수정할 수 없지요

잠시라도 세상이치를 벗어난 옆길, 옆길도
결국은 당신의 외길입니다

반복되는 일상이 지겨워도
물길같이 오로지 외길을 가야 합니다

꿈꾸는 해후

소나무는 백년 만에
딱 한번 꽃을 피운다네
백년이면 강산이 열 번 바뀐다는 세월
사실인 듯 아닌 듯 알 수는 없지만
우리가 아등바등 사는 이때부터인가
백년인생이라 건강 찾아 난리도 아니다
백년의 농익은 진기를 모으고 모아서
한번 피우는 꽃은 꽃일까
백년을 살면서 진기란 진기는 다 빼내어
흡족한 삶을 산 뒤에 혹시,
내가 너를 네가 나를
알아볼 수는 있을까

구석자리

봄이면
꽃잎이 떨어져 모여들었고
여름에는
빗물이 머물다 갔다
가을엔
발길보다 먼저 낙엽이 또 모여들었다
구석자리다
겨울눈이 그랬다
내 시간이 그쪽으로 흐르고 있다
후미진 그곳에서라도
제일 먼저 고개를 내미는 풀잎이고 싶다

새들의 일상

가을볕에
산하는 고개를 숙인다
보란 듯이 부산한 들녘 곳곳으로
곡간이 차오르는 가을 소리에 새들이 모여든다
새를 쫓는다는 반사테이프
바람과 햇빛에 비틀어도 보고
형광의 빛으로 순간순간 발광 지랄하는데도
새들은 아랑곳하지 않고 벼이삭을 향하여
시냇물을 뛰어오르는 피라미같이
배부를 때까지 뛰어오르기를 반복한다
열악한 환경에 적응한다는 것은
참으로 쉬운 것이다

그리움을 숨기다

그 사람은
꿈에라도 모를 거다
숨 쉬는 잠깐 사이에도
내려놓을 수 없는 그리움을
늦가을 나뭇잎에 내려앉은
그대 마음 같은 애틋한 이슬들
아침 햇살이 어루만지면 형형색색 빛나듯이
서슬 같았던 내 가슴이 콩닥거린다
꿈결이라도 무작정 달려가 말하고 싶다
너무 그리웠다고

나의 허무

술 한 잔 마셨는데
빈 잔에는 허무만 채워졌네
밖에서는 소리 없이 내리는
싸늘한 봄비가 마른 풀숲을 적신다
새싹이 솟아나고 마른 풀은 사라졌다
살아온 결과물 하나 없이
빈손으로 가야 하는 뼈아픈 부끄러움

빨래집게 예찬

엄지발가락에
빨래집게를 물리고 기다린다
그 자리에 통증이 살아난다
둘째 발가락으로 옮긴다
순간의 통증에 기겁을 한다
셋째 발가락으로 옮긴다
누르는 압박에 치를 떤다
넷째 발가락으로 옮긴다
작은 집게가 짓누르는 힘에 사색이 된다
새끼발가락으로 옮긴다
눈 감고 기다려도 통감이 오지를 않는다
빨래집게는 통증 치유의 으뜸이다
난 언제 그렇게 살아보나

갈대가 춤춘다

늦가을 바람에
강가의 갈대는 춤을 춘다
질퍽한 강 언저리를 서로서로 부여잡고
철새들이 석양 속에서 군무를 추듯
갈대들도 시린 강가에서 사랑의 춤을 춘다
초가을 수분受粉을 위하여 조심스럽게 흔들었지만
씨앗을 멀리멀리 시집 보내는
늦가을엔 어깨를 기대고 광란의 춤을 춘다
머리가 꺾이고 허리가 부러진다
안도의 찬 강바람에 안식을 기다린다

누구를 위하여

호흡이 거칠어진다
일순간 달려온 시간을 잊고
아득히 먼 종점은 어딘지 되묻고 있다
주로走路를 허우적허우적 달리다
그냥 멈추어 선다
마음은 저만치 달려가고 있는데
두 발은 땅에 박힌 듯 꿈쩍을 할 수 없다
두 다리를 뿜어 오르는 정맥은
장맛비에 미꾸라지 기어오르듯 하고
전기에 감전된 듯 비명만 지른다
주저앉을 수도 없다
고통의 흐릿한 의식은 스스로를 위로한다
다시 달릴 수 있다고
눈물이 났다

다섯 빛깔의 시를 만나다

한삼수

시인
—
경남 의령군 궁류면 출생
2012년 계간《제3의 문학》봄호 시부문 신인상 당선
사단법인 의령예술촌 촌장
의령문인협회 회원
현재 두산중공업 근무

고민 없는 선택
8시 29분발
바람 불어 좋은 날
만년구짜
미세먼지
벚꽃
비우기
장인정신
인생 길
폭우 내리던 밤

고민 없는 선택 외 9

집에서 가까운 정병산
가볍게 다녀오려고 운동화를 신는다
산 아래까지
뛰어가는 동안은
몸도 마음도 가볍다
가파른 산길에 들어서자
진흙이 발바닥을 끌어당긴다
가볍던 마음에
커다란 쇳덩이가 달린다
내려오는 길
내 엉덩이가
반항 없는 땅바닥을
몇 번이나 두들겨 팬다
맞은 놈은 멀쩡한데
때린 놈만 만신창이다
지나가는 사람들 걱정 한마디에
얼굴만 붉어진다
고민 없는 선택의 대가
달게 받았다.

8시 29분발

이르지도 늦지도 않은
하얀 서리가 통통 튀는 아침
기차를 기다리는 작은 시간
상큼한 초겨울 바람이 맛있다

군복이 한 무더기 내리면
배낭과 짐 보따리가 오른다
철길 곁으로 흐르는 강물 위를
먹이 찾아 날아드는 오리 떼
새로움 찾아 떠나는 기러기 떼
만난 듯 헤어지고 떠나면 다시 만나는
제각각 나름의 삶을 꾸린다

사람이기에
늙기를 거부하고 죽기를 싫어하지만
영원함이 있을 수 없고 불변도 있으면 안 된다
꽃이 지고 씨앗이 떨어져야
내년 봄 새싹이 돋아나듯
기성세대 자리 내려놓아야
새 세상도 열린다

오늘 아침

내가 탄 기차처럼

달리는 시간이 아름답다

바람 불어 좋은 날

초등학교 십리 등굣길에 만나는
한겨울 맞바람을
우리는 봉황대 똥바람이라 불렀다

똥바람 막아주는 언덕 아래
조무래기들 오목조목 모여
형들이 피워놓은 모닥불에 손발 녹이며
돌덩이 구워 손난로 만들어
신작로 먼짓길 걸어 다녔던
그때는
미세먼지가 무언지 몰랐다
볼짝 트게 만든 똥바람만 싫었다

숨쉬기조차 힘들게 했던
어제의 미세먼지를
오래된 똥바람이
복잡한 도시 호수까지 찾아와
깨끗이 쓸어 담아 갔다

요즘은
자주 오지 않는 똥바람
귀가 시리고 손발을 얼려도
기분은 참 좋다

만년구짜

젊었을 땐
내 몸이 만년구짜인줄 알았다
밤새도록 술 마신 뒤
눈 한번 붙이지 않고 출근해도 견뎠고
조금 아파도 하루만 지나면 멀쩡했었다
육십 년 가까이 사용하고 난 지금은
여기저기 삐걱삐걱 소리가 난다

하루가 멀다고 오는 택배
전화기 화면 몇 번 두드리기만 하면
현관문 안까지 넣어 주는 세상
대학 등록금 기숙사비 생활비
내 신용카드도 도깨비방망이 만년구짜였는데
이것도 내 몸같이
고장 날 시간이 얼마 남지 않았다
아직까지 고마운 줄 모르다가
고장이 나고 나서야
참 고마웠었다 말하겠지

미세먼지

찬바람만 나면
오지 말라고 신신당부해도
하루가 멀다 하고 찾아오는
얄미운 손님

겨울에 어울리지 않는
폭우가
사흘 동안 머물다 가면서
억지 손님 모셔갔다

달갑지 않기는
둘 다 마찬가지지만
자동차바퀴 잡아먹는
겨울비가
고마울 때도 있다

벚 꽃

사월 초
연분홍빛
면사포 구름 입은
선녀가
도시에 내려와
닷새 동안
행인들과 어울려 놀다가
겉옷 벗어놓고 가는
귀한 손님

비우기

오늘을 채우려
어제를 비운다

달리기로 몸속 에너지를
땀으로 노폐물을
화장실에서 찌꺼기를
가쁜 숨으로 복잡한 머리를

텅 빈 아침
내 몸속으로
알찬 오늘이 들어온다
기쁨이 가득하다

장인정신

모범 조합원상으로 받은
놋쇠 숟가락
5년 동안 잘 먹여 주더니
어느 봄날 아침
목이 뚝 떨어져버렸다
불길한 예감을 말하는 아내에게
불량품일 뿐이라 말했다

그해 8월 마지막 날
네 식구 생계비 책임지던 회사가
나를 버렸다

아껴 두었던
모범 사원상으로 받은
은수저로 밥을 먹은 지 2년 만에
회사가 다시 나를 불렀다
활짝 웃는 아내에게
운이 좋았을 뿐이라 말했다

장인이 만든 수제 숟가락
생명이 없다고 누가 말할 수 있을까
물질에도 간절한 정성을 담으라
숟가락이 말했다

인생길

열심히
산을 오르다
가파르고 위험한 바윗길
힘겹게 올랐더니
왼쪽에
편하고 좋은
돌아오는 길 있었다
앞만 보며 걷다가
쉬운 길
보지 못했다
쉰 줄
내 인생도 그랬다

폭우 내리던 밤

가로등 잡아먹은
소낙비가
폭풍을 데리고 나타나
차선까지 삼켜버렸다
보이는 것은
거리를 분간할 수 없는
무한 질주 차량의 전조등 불빛뿐
사이에 끼어 움츠린
핸들이 무겁다

오늘이 끝나고
내일은 올 수 있을까

다섯 빛깔의 시를 만나다

윤재환

시인

—

1963년 경남 의령군 유곡면 마두리 출생
1997년 계간 《시·시조와 비평》 겨울호 신인상 당선
1998년 계간 《문예한국》 봄호 신인상 당선
시집 《청보리》 《이제는 알고 있습니다》 《달팽이》 등
애향시집 《의령》

등대
여행은
직선으로 곡선을
사람은 가끔씩 외롭다
불편한 진실의 사치
보금자리
썩어야 산다
걷는다는 것은
산에 오르다 보면
나는 의령 사람이다

등 대 외 9

사람들이 사는 바닷가

작은 마을

배들이 드나드는 모퉁이

빛을 안고 우뚝 서 있다

배들이 바다로 나갈 때는

그냥 나가지만

가족이 있는 집으로 들어올 때는

등대를 향해 온다

언제나

그 자리에서

그 모습으로

그 빛으로 깜빡인다

그 깜빡이는 빛으로

배들은 무사히 선착장으로 들어온다

오늘 밤에도 등대는

그 자리에 서서

항구로 들어오는 배를 향해

맑은 빛으로

깜빡 깜빡

빛나고 있다

여행은

여행은
동서남북도 모르는
낯선 곳에서
이리저리 헤매다가
다시 제자리로 돌아와서는
겨우 한숨 돌리고 나서
가슴 가득 뭔가 풍성하고 뿌듯해지는
그래서 일상에서 살아가다 보면
잊히지 않는 아름다운 추억이 되는
방점인 것이다

직선으로 곡선을

직선은 눈에 가깝지만
곡선은 마음에 가깝다

직선은 밋밋하지만
곡선은 아름답다

직선은 빠르지만
곡선은 여유롭다

직선은 편리하지만
곡선은 자유롭다

직선은 고독하지만
곡선은 낭만이다

오늘도
곡선을 향해
직선으로 간다

사람은 가끔씩 외롭다

사람은
가끔씩은 외롭다

혼자 있을 때도 그렇지만
넘어지거나
뭔가를 이루지 못했거나
큰 실패를 했을 때 더 그렇다

벌도 새도 날아들지 않는
겨울나무처럼
차가운 시간에 홀로 서서 때를 기다린다

그렇게 흐르는 시간 따라
봄을 만나면
다시 활짝 아름다운 꽃을 피운다

외롭다는 것은
기다림이 필요한 것이다
그 기다림 속에서 봄을 만난 나무처럼
아름다운 꽃을 피운다

불편한 진실의 사치

나는
초가집에서 태어났다
차가 들어오지 못하는
산골마을
전기도 없는 방엔
호롱불이 희미한 빛을 내며
가물가물 밤으로 깊어갈 때면
하루는 그저 조선시대의 일상이었다
지금은
고급 자가용과
칼라 텔레비젼과
스마트폰을 쓰며
읍내에서 아파트에 살고 있다
냉장고엔 먹을 것도 가득하다
군불을 떼지 않아도 되고
성냥으로 호롱불을 켜지 않아도 된다
볼 것도
먹을 것도
누릴 것도 풍부하다
이 정도의 삶에서 불편한 신실이면
그건 사치다

보금자리

다시 가야 할
밤이다

낮에 빛났던 사물들이
어둠에 묻힌다

나도
묻혀야 한다

지는 해처럼
슬그머니 집으로 간다

지친 나를 내려놓을
보금자리에 든다

썩어야 산다

이 땅에 태어난 모든 생명은
언젠가 꽃을 피우고
또 언젠가 열매를 맺는다
그것은 씨앗이 되고
생명은 다음 후손을 위해 스러져 간다
썩어서 소멸된다
푸르게 틔워낸 부드러운 잎도
든든하게 서서 숲을 이룬 나무도
화려함을 뽐내던 꽃잎도
자신의 역할을 다하고는
썩어서 사라져간다
우리의 조상도 그러했다
남아서 걸리적대는 존재가 아니라
썩어서 사라져 가기에
아름다운 거다
그렇게 우리가 산다

걷는다는 것은

걷는다는 것은
살아 있다는 것이다
살아 있다는 것은 행복한 것이다

오늘도 길이 있어서 걷고
살아 있어서 걷고
걸을 수 있어서 행복하다

그리고 그 길 위에
나의 사랑과
나의 인생을 올려놓는다

길이 있어 걷고
걸어서 살아 있는 세상
오늘도
하루의 인생이 행복하게 열린다

산에 오르다 보면

가끔씩
산에 오르다 보면
여러 가지 표현의 길을 만나는데
그 길은 걷는 우리를 다룬다
젖었을 때는 미끄러지지 않게 조심조심
말랐을 때는 먼지 일어날까 살살
산은
넉넉하고
평화롭고
아름답지만
함부로 덤비지 못하도록
쉽게 오르지 못하도록
훈계하듯 타이른다
사랑도 그렇거니
생각해 본다

나는 의령 사람이다

사람들이 외국으로 여행 갈 때
국내로 가고
사람들이 국내에 여행할 때
의령에서 놀고
사람들이
의령을 벗어나서 의령을 외면할 때
계속해서 의령에 머물며
우물 안 개구리처럼 의령과 함께했다
그랬더니
의령을 알고
의령을 이야기하는 사람이 되었다
나는
의령 사람이다

사진이 낳은 시를 만나다

사진
—
박성길

시
—
이남순 정은영 박태욱
한삼수 윤재환

일몰 앞에서

이남순

먹이 찾는 어미 새가 온 펄을 죄 뒤지듯

구부려 쪼아 올려 망사리 가득 실은

눈부신
와온臥溫 해안이
곡경 후에 보입니다

등에 진 노을로 갯벌을 헤쳐 오는

저 아낙 무릎걸음 밀물이 가득하여

내 시름
사치 같아서
오금이 저립니다

태정태세문단세

정은영

오늘은 옛날 가시나들 생각하며
말간 하늘만 처다본다

범나비 머리띠 문디 가시나
하트 귀걸이 흔들며 으스대던 그 잘난 가시나도
어느 날 문득 한꺼번에 소식이 끊겼다

나는, 얼추 20년 전에
머리에 허옇게 폭설이 내렸고
돋보기가 필요하고, 또 듣는 것도 시원찮다

아마,
내가 생각하기에는
가시나들이 이런 것 때문에
쪽팔려서
도망을 갔겠지 얄궂은 판단을 내리지만
어찌 됐건 세월이 무상하다고 할 수밖에…

이런 일은
참으로 슬픈 일들 중 우수한 부문에 뽑힌다

외부효과

박태욱

덫이었는데
무심한 새벽안개 옷자락에
거미줄이 올망졸망 피었다
보이지 않아서 애간장을 태웠는데
이 아침은 덫 사이를 날아봐도 되겠다

인생은

한삼수

빈손으로 왔다가
빈손으로 떠나는
짧지 않은 여행길

돌밭 길 가시밭길
굽이굽이 돌다보면
평탄 길도 만나겠지

물 따라 바람 따라
낮추고 비우라 하네
세상은 온새미로 아름답다고.

너처럼

윤재환

그래
날아갈 거야
니가 있는 곳으로
다시 태어날 거야
너처럼
아름답게

축하의 글

회정
박성길

자화자찬
自畵自讚

> 솔직히 교직생활을 하면서
> 제자들에게 이렇다 하고 내세울 만한
> 베풂을 주었는지 의심스럽다.
> 그냥 평범한 교사로서 가르쳤을 뿐인데
> 제자들을 잘 만나서
> 내가 오히려 큰 베풂을 받았고
> 지금까지도 그 베풂을 받고 있으니
> 자랑할 만하지 않는가.

축하의 글

자화자찬 自畵自讚

박성길

  자화자찬이란 자기가 그린 그림에 자기가 찬讚을 쓴다는 뜻이다. 찬이란 그림에 써 넣는 시나 글인데 주로 칭찬하는 내용을 담고 있으며, 본래 스승, 선배, 동문 등 다른 사람이 써 주는 것을 원칙으로 하고 있다. 요즘에는 그 뜻이 자기가 한 일에 대해서 스스로가 칭찬하거나 추어올리는 뜻으로 변질되었다. 삼십여 년의 교직생활을 마무리하고 십수 년이 지난 올해 나는 과감하게 자화자찬의 우를 범해야겠다.

  맹자의 진심 편의 군자삼락 중에 '득천하영재이교육지삼락야得天下英才而敎育之三樂也'라고 했는데 이는 평생을 교직에 몸담았던 나에게 시사示唆하는 바가 크다. 나는 여기서 지금의 내 입장에서는 "천하의 영재를 얻어 가르치는 즐거움"을 "가르친 제자들이 사회 각층에서 제자리를 잡고 올바른 삶을 살아가는 모습을 보는 즐거움"으로 바꾸고 싶다. 여기서 즐거움이란 마음의 거슬림 없이 흐뭇하고 행복한 느낌으로 행위 그 자체에 대한 행복을 뜻하며, 이 행위에는 보람이라는 말도 내포되어 있다. '보람이 있다'는 영어 표현은 'fruitful' 즉 '열매 맺다'는 뜻이니 곧 우리의 삶에서 좋은 결실을 맺는 것이 보람 있는 삶이라는 의미다. 내 삶의 보람은 교직생활의 결실이라고 정의하고 싶다.

그러면 자화자찬 내용을 살펴보자. 솔직히 교직생활을 하면서 제자들에게 이렇다 하고 내세울 만한 베풂을 주었는지 의심스럽다. 그냥 평범한 교사로서 가르쳤을 뿐인데 제자들을 잘 만나서 내가 오히려 큰 베풂을 받았고 지금까지도 그 베풂을 받고 있으니 자랑할 만하지 않는가. 버스로 통근하고 있는 스승이 딱했던지 승용차를 선물한 제자. 교직생활을 마무리하는 정년퇴임식을 큰 비용을 들여 저들이 주선한 일. 퇴임 선물로 우리 부부 해외여행 티켓을 선물한 제자. 한복점을 운영하는 제자는 실크 한복 일 섭을 선물하면서 입다가 돌아가실 때 수의壽衣를 해도 된다면서 죽을 때 입고 갈 옷까지 챙겨 주었는데 십여 년이 지난 올 설에는 두루마기 동전을 새로 나온 것으로 바꾸고 깨끗하게 손질해주어 주위 분들에게 많은 덕담을 받기도 했다. 또 인생의 새 출발인 결혼 주례를 부탁받기도 했는데 어떤 제자는 내가 주례를 서주지 않으면 절대 결혼하지 않겠다고 떼를 쓰기도 했고 백령도에 여행 갔다가 태풍에 잡혀 주례를 서 주지 못한 딱한 경우도 있었다. 또 동료들과 술집에서 술을 마시는데 주문하지도 않은 술병이 들어

와 시키지 않았다고 하면 저쪽 손님께서 보낸 술이라고 해서 확인해 보면 자리에서 벌떡 일어나 꾸뻑 인사하는 제자. 은행 창구나 관공서, 병원에 가서 대기하고 있으면 반갑게 인사하며 대신 처리해 주던 제자들의 모습이 주마등처럼 스쳐 지나간다. 마산 지역에서만 이십 년이 넘게 남녀 학교에서 근무하다 보니 가는 곳마다 반갑게 인사하는 제자들을 만나곤 했다. 그 뿐만 아니라 지금까지도 양 명절이면 어김없이 과일이나 건강식품을 선물 받고 있고, 5월 스승의 날을 전후해서 저들의 모임에 꼭 우리 부부를 함께 초청해서 가보면 스승님이랑 저희들이 같이 늙어 간다고 웃기도 한다. 이런 물질적인 선물을 받아서가 아니라 그 뒤에 숨겨진 그들의 마음에 고맙기도 하고 한편으로는 부끄러움을 숨길 수가 없다. 내가 그들에게 배푼 것이 없으니까.

이제는 이 글을 쓰게 된 이유를 밝힐 차롄가 보다. 제자들 중에 시를 공부하는 시인끼리 만남을 주선하였는데 이들이 나의 호인 회정檜亭을 따서 회정회라 이름하고 정기적인 모임을 가지며 시와 문학에 대한 열띤 토론을 벌이며 밤을 새는 모습도 보고 끈끈한 유대 관계를 유지하며 의령예술촌에서 몇 차례에 걸쳐 합동 시화전을 열었고, 지금도 꾸준히 만남을 계속하고 있다.

그 면면을 소개하면 현 한국시조계의 신성으로 떠올라 장래가 촉망되는 시인으로 2013년 이영도시조문학 신인상 수상에 이어 2019년 한국여성시조문학상을 받은 이남순 시인이다. 이 시인은 그야말로 입지전적인 시인이다. 집안 형편이 어려워 일반 고등학교에 진학을 못하고 한일합섬 부설 고등학교에서 주경야독하다 건강이 나빠 중도에서 포기했다가 40대 중반에 방송통신고등학교를 졸업하였다. 49세에 명지대학교 문예창작학과에서 만학의 꿈을 펼쳤고, 58세에 첫 시조집 《민들레》를 세상에 내놓은 두 자녀의 어머니이다. 서울 종로에서 만발상사라는 상패 가게를 부군과 함께 운영 중이며 회정회의 누나로서 동생들을 잘 이끌고 있다.

정은영 시인은 대학에서 신문방송학을 전공하고 경상일보와 경남신문 기자로 활동하면서 행정학 박사학위를 취득하여 경주대학교 겸임교수를 역임하다 지금은 울산문인협회 회장으로 활동하고 있다. 저서로는 《부치지 못한 편지》, 《다방열전》, 《액션스피치》, 《병영성을 걷다》 등이 있고, 항상 유머와 재치가 넘치는 화법으로 분위기를 이끄는 시인이다.

윤재환 시인은 2017년에 "청백봉사상"을 받을 정도로 공직과 봉사활동을 활발하게 하고 있으며, 행복한 인생을 위해 시시각각 길을 걷거나 시작詩作을 틈틈이 하고 있다. 또 클래식 기타를 익히고 연주도 하면서 지역에서 갖가지 음악회를 기획하고 진행하며 아름다운 활동을 펼쳐가고 있다. 저서로는 신귀연 여사 회갑 기념 시집 《어머니》를 비롯해 애향시집 《의령》, 《어둠이 남기는 시간》, 《무지개 사랑》, 《청보리》, 《이제는 알고 있습니다》, 《달팽이》 등 일곱 권의 시집을 낸 바 있다.

박태욱 시인은 창원 내의 기업에서 관리자로 근무하면서 시를 쓰고 마라톤도 하는 철인 시인이다. 특히 마라톤에 관심이 커 42.195km인 풀코스 완주만 70회를 기록하고 있고, 예순을 바라보는 나이임에도 지금도 계속해서 풀코스를 뛰고 있는 진정한 철인 시인이다. 시집으로는 《마음의 집》이 있다.

한삼수 시인은 창원 내의 기업에서 엔지니어로 근무하면서 시를 쓰고, 하모니카와 기타를 치며 노래하는 시인 기타리스트로 활동하고 있는 음유시인이다. 학창시절에 익혔던 하모니카를 통해 기타연주와 더불어 의령예술촌은 물론 여러 곳에서 공연을 펼쳐가고 있다. 또한 건강한 삶을 위해 마라톤도 하는 철인 시인이다.

특히 한삼수 시인과 박태욱 시인, 윤재환 시인은 서로 중학교 동기이다. 더불어 의령예술촌 운영을 도맡아 하면서 의령군의 문화창달과 예술의 발전에 기여하고 있다. 한삼수 시인은 촌장으로 활동하고 있고, 박태욱 시인은 사무국장, 윤재한 시인은 기획부장으로서 역할을 수행하고 있다. 또한 세 시인은 마라톤도 함께하고 있다. 특히 세 시인은 보이지 않는 선행을 실천하고 있어서 나를 부끄럽게 했다. 지적장애자들의 생활시설인 의령 '사랑의 집'을 수시로 방문하여 여름날 진입로 풀베기를 비롯해 연말 송년 음악회 동참, 함께 마라톤 참여 등 그들과 어울리는 시간을 가졌나. 득히 그들과 함께 매년 여름날에 4박 5일 일정으로 도보순례 여행을 10년간에 걸쳐 함께하는 등 야외 활동이나 건강 달리기와

휠체어에 그들을 태우고 참가한 행동은 가슴 찡한 감동적인 내용이다.

 이 다섯 제자가 시인이 되는 과정에서 이남순 시인에게는 늦지만 공부를 계속하게 조언한 것뿐이고, 윤재환 시인은 편지쓰기 과제물 우수 작품을 소개하면서 시 공부를 권유했다는 말이 시인이 된 동기였다는 것뿐이다. 다른 세 제자는 시인이 되는 과정에 내가 끼친 것은 하나도 없다. 그런데도 이들은 시문학에 깊은 관심을 가지고 공부하여 시단에 등단했으며, 활발한 시 활동을 펴고 있다. 나의 정년퇴임식 때 그들의 공동 시집 《청송처럼 학처럼》을 발간하여 하객들에게 기념선물로 증정한 바 있고, 이번에 회정회 발족 15주년을 기념하여 동인지 제2집 《다섯 빛깔》을 발간하는데 나를 끼워 넣어 주니 이 얼마나 감격스러운 일인가. 퇴임 후 사진 촬영을 취미로 소일하고 있었는데 보잘것없는 사진들을 동인지에 함께 수록하는 영광과 고마움의 베풂을 받았으니 바보 소리를 들어도 자화자찬할 만하지 않는가.

 이 다섯 제자가 시인으로서 멋지고 아름답게 행복한 인생을 펼쳐가고 있어서 덩달아 나도 행복한 인생을 살고 있다. 참으로 고마운 제자들이다.

회정회 회원주소록

이름	우편번호	주소/메일/휴대폰 번호
박성길	51313	경남 창원시 마산회원구 석전북18길 24(석전동) dapsk44@hanmail.net 010-4158-3103
이남순	12246	경기도 남양주시 양정로219번길 89(이패동) manbal6237@hanmail.net 010-5411-6237
정은영	44496	울산광역시 중구 남외3길 33, 109동 604호 (남외동, 남외푸르지오1차) jeong827@hanmail.net 010-6567-3256
박태욱	51433	창원시 의창구 외동반림로 200, 11동 508호 (용호동, 무학아파트) pbamyih@hanmail.net 010-9313-5232
한삼수	51428	창원시 의창구 외동반림로254번길 25(용호동 47-6) goodgri@hanmail.net 010-9302-1318
윤재환	52150	경남 의령군 의령읍 의병로14길 23, 1207호 (서광아파트) younjh6350@hanmail.net 010-9573-6350

다섯 빛깔

회정 박성길 선생님의 제자 시인
회정회 동인지 2호

1쇄 찍은날 2020년 5월 15일

지은이	이 남 순 외 5人
펴낸곳	회정회

만든이	오 하 룡
만든곳	도서출판 경남
주 소	창원시 마산합포구 몽고정길 2-1
연락처	(055)245-8818/223-4343(f)
이메일	gnbook@empas.com
출판등록	제1985-100001호(1985. 5. 6.)
편집팀	오태민 심경애 구도희

ⓒ회정회

＊잘못된 책은 바꿔 드립니다.
＊저자와 협의 인지 생략합니다.
＊이 도서의 국립중앙도서관 출판예정도서목록(CIP)은 서지정보유통지원시스템 홈페이지(http://seoji.nl.go.kr)와 국가자료종합목록 구축시스템(http://kolis-net.nl.go.kr)에서 이용하실 수 있습니다.(CIP제어번호 : CIP2020018806)

ISBN 979-11-89731-50-2-03810

〔값 10,000원〕